Mi **cuerpo** es **rayado** y **parece** lleno de **hojas**

por Jessica Rudolph

Consultores:
Christopher Kuhar, PhD
Director Ejecutivo
Zoológicos de la ciudad de Cleveland, Ohio

Kimberly Brenneman, PhD
Instituto Nacional para la Investigación de la Educación Temprana
Universidad de Rutgers
New Brunswick, Nueva Jersey

BEARPORT PUBLISHING

New York, New York

Créditos

Cubierta, © Alex Mustard/naturepl.com; 4–5, © Winkler, A./picture alliance/
Arco Images G/Newscom; 6–7, © D.R. Schrichte/SeaPics.com; 8–9, © Astargirl/
iStockphoto; 10–11, © Terry Evans/Dreamstime.com; 12–13, © Mark Conlin/Alamy;
14–15, © Alex Mustard/naturepl.com; 16–17, © Krzysztof Wiktor/Shutterstock;
18–19, © Alex Mustard/naturepl.com; 20–21, © Alex Mustard/naturepl.com;
22, © Alex Mustard/naturepl.com; 23, © Satish Arikkath/Alamy; 24, © gracious tiger/
Shutterstock.

Editor: Kenn Goin
Director creativo: Spencer Brinker
Diseñadora: Debrah Kaiser
Editora de fotografía: We Research Pictures, LLC
Editora de español: Queta Fernandez

Datos de catalogación de la Biblioteca del Congreso

Rudolph, Jessica, author.
  [My body is striped and leafy. Spanish]
  Mi cuerpo es rayado y parece lleno de hojas / by Jessica Rudolph; consultores: Christopher Kuhar,
PhD, Director Ejecutivo, Zoológicos de la ciudad de Cleveland, Ohio; Kimberly Brenneman, PhD,
Instituto Nacional para la Investigación de la Educación Temprana, Universidad de Rutgers, New
Brunswick, Nueva Jersey.
     pages cm. — (Pistas de animales)
  Includes bibliographical references and index.
  ISBN 978-1-62724-577-7 (library binding) — ISBN 1-62724-577-4 (library binding)
  1. Leafy seadragon—Juvenile literature. I. Title.
  QL638.S9R8318 2015
  597.679—dc23
                                          2014031733

Para más información, escriba a Bearport Publishing Company, Inc., 45 West 21st Street, Suite 3B,
New York, New York 10010. Impreso en los Estados Unidos de América.

10 9 8 7 6 5 4 3 2 1

Contenido

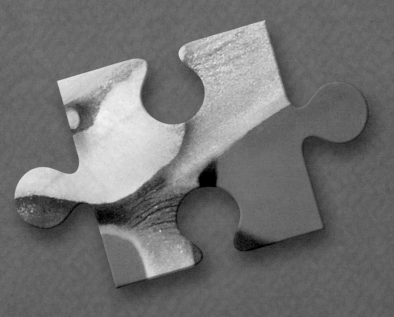

¿Qué soy?

Mira mi cuerpo.

Es rayado.

Mis ojos tienen
marcas blancas
alrededor.

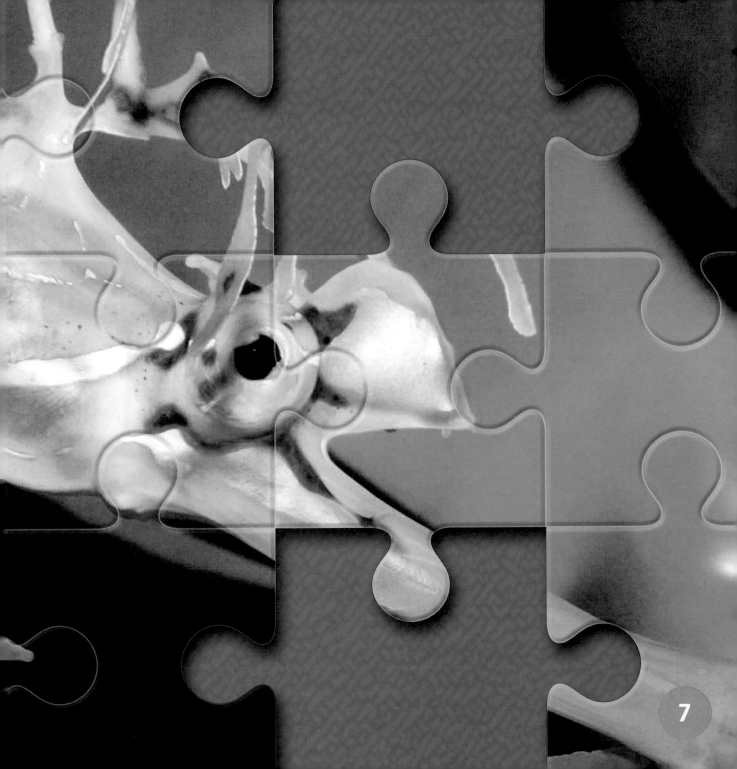

Mi cuerpo es curvo.

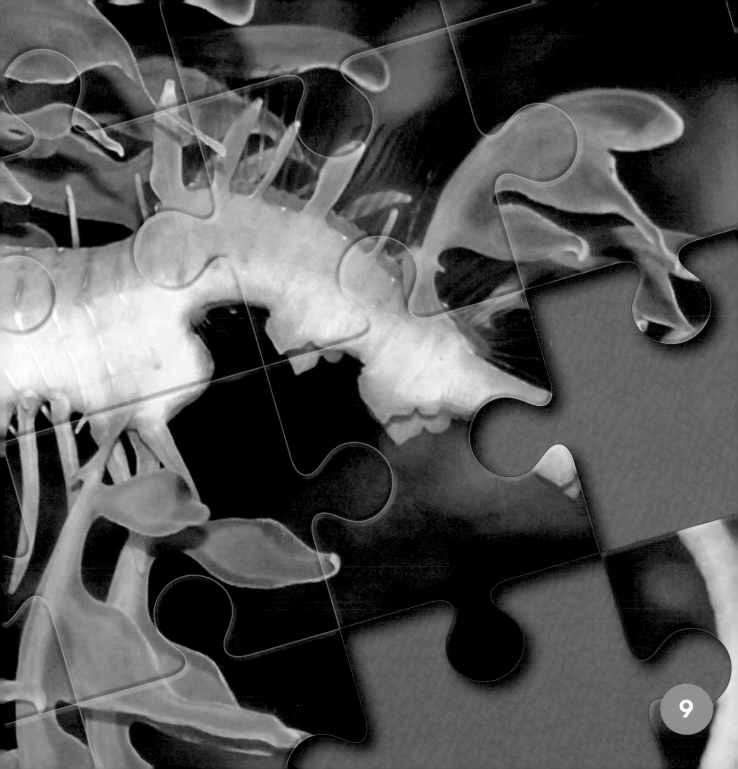

Mi cola es larga y fina.

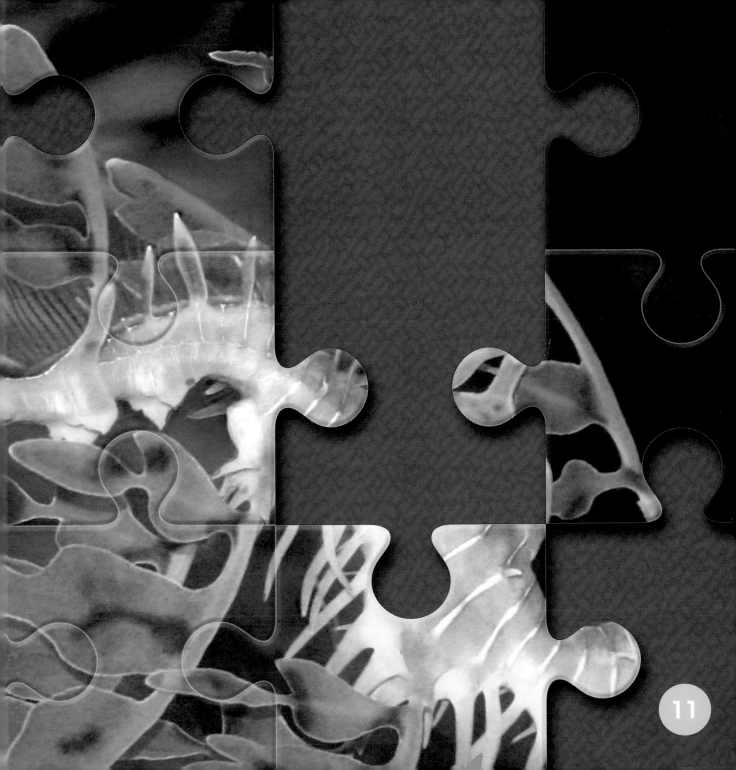

11

Tengo espinas
agudas en los
costados.

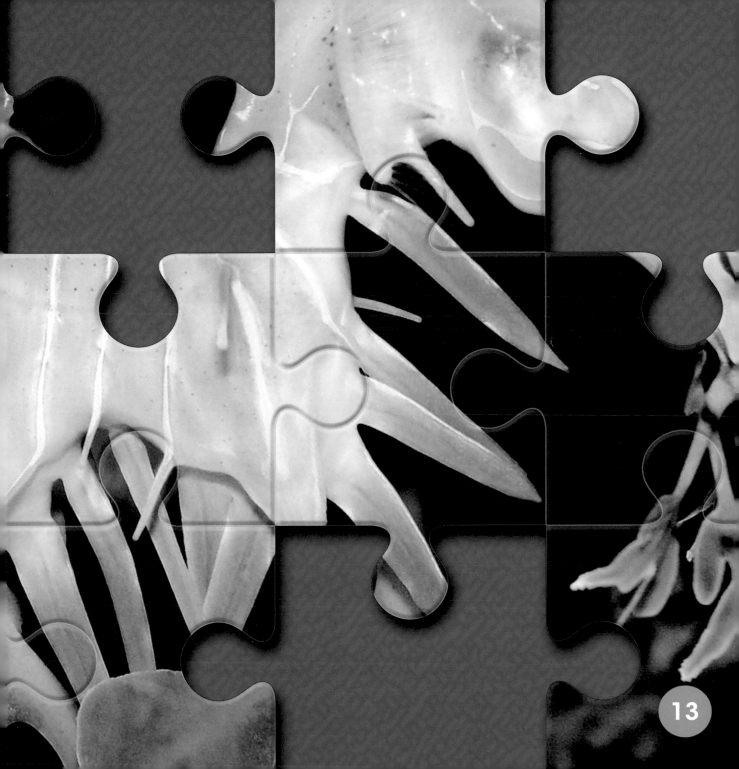

13

Mi boca tiene
forma de trompeta.

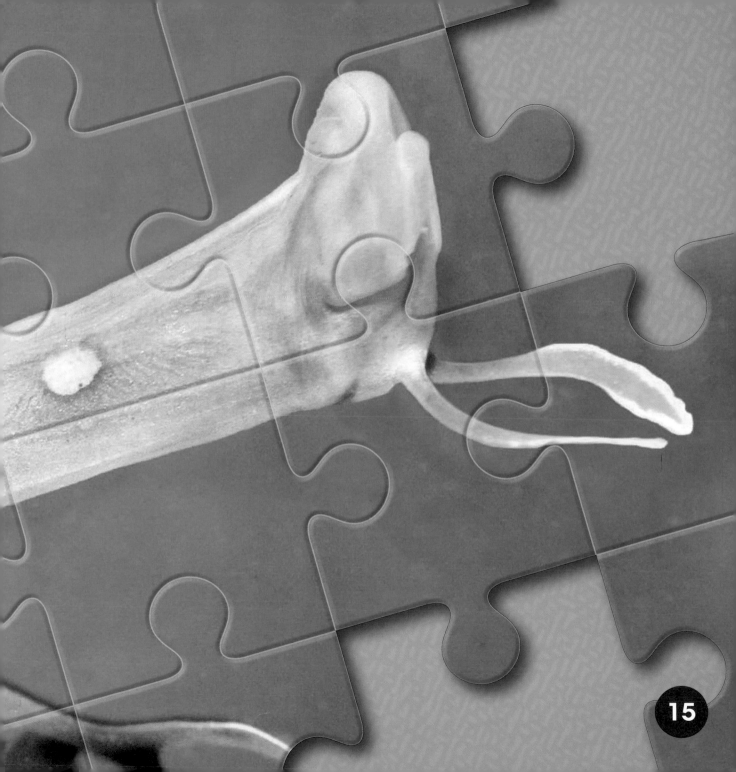

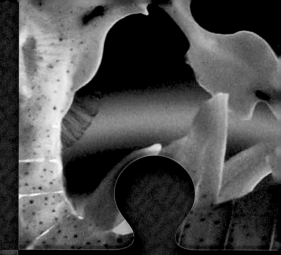

Hay partes de mi cuerpo que parecen hojas.

¿Qué soy?

¡Vamos a averiguarlo!

¡Soy un dragón de mar foliáceo!

Índice

Lee más

Bredeson, Carmen. *Leafy Sea Dragons and Other Weird Sea Creatures (I Like Weird Animals!).* Berkeley Heights, NJ: Enslow (2010).

Schach, David. *Sea Dragons (Blastoff! Readers: Oceans Alive).* Minneapolis, MN: Bellwether Media (2007).

Aprende más en línea

Para aprender más sobre los dragones de mar foliáceos, visita
www.bearportpublishing.com/ZooClues

Acerca de la autora

Jessica Rudolph vive en Connecticut. Ha escrito y editado muchos libros para niños sobre historia, ciencia y naturaleza.

24

21

Datos sobre el animal

Los dragones de mar foliáceos son peces que están emparentados con los caballitos de mar. Como todos los peces, usan las branquias para respirar. También ponen huevos en lugar de dar a luz criaturas vivas. Sus cuerpos también están cubiertos de escamas.

Más datos sobre los dragones de mar foliáceos

Comida:	Pequeñas criaturas marinas llamadas plancton
Tamaño:	14 pulgadas (35,6 cm) de largo, incluyendo la cola
Esperanza de vida:	hasta 5-10 años en su ambiente natural
Dato curioso:	Las partes de su cuerpo que parecen hojas ayudan al dragón de mar a confundirse con las algas flotantes. Esto protege al dragón de otros animales que se lo quieren comer.

Tamaño del dragón de mar foliáceo adulto

¿Dónde vivo?

Los dragones de mar foliáceos viven en el océano cerca de Australia. Nadan en aguas poco profundas cercanas a la costa.

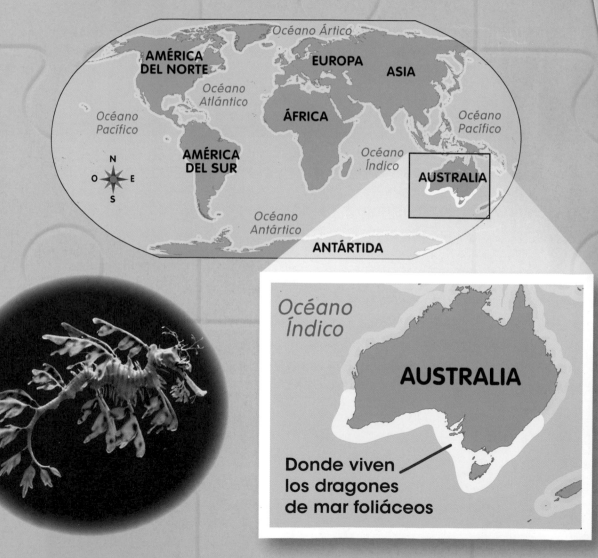

Océano Ártico

AMÉRICA DEL NORTE

EUROPA

ASIA

Océano Atlántico

Océano Pacífico

ÁFRICA

Océano Pacífico

N

O E

S

AMÉRICA DEL SUR

Océano Índico

AUSTRALIA

Océano Antártico

ANTÁRTIDA

Océano Índico

AUSTRALIA

Donde viven los dragones de mar foliáceos

Datos sobre el animal

Los dragones de mar foliáceos son peces que están emparentados con los caballitos de mar. Como todos los peces, usan las branquias para respirar. También ponen huevos en lugar de dar a luz criaturas vivas. Sus cuerpos también están cubiertos de escamas.

Más datos sobre los dragones de mar foliáceos

Comida:	Pequeñas criaturas marinas llamadas plancton
Tamaño:	14 pulgadas (35,6 cm) de largo, incluyendo la cola
Esperanza de vida:	hasta 5–10 años en su ambiente natural
Dato curioso:	Las partes de su cuerpo que parecen hojas ayudan al dragón de mar a confundirse con las algas flotantes. Esto protege al dragón de otros animales que se lo quieren comer.

Tamaño del dragón de mar foliáceo adulto

¿Dónde vivo?

Los dragones de mar foliáceos viven en el océano cerca de Australia. Nadan en aguas poco profundas cercanas a la costa.

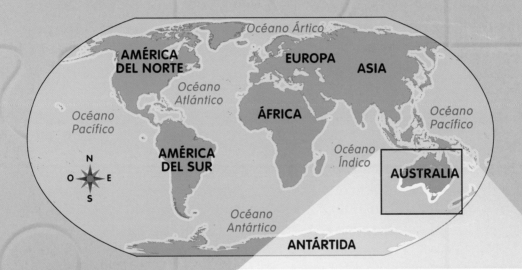

Océano
Índico

AUSTRALIA

Donde viven los dragones de mar foliáceos

23

Índice

Lee más

Bredeson, Carmen. *Leafy Sea Dragons and Other Weird Sea Creatures (I Like Weird Animals!).* Berkeley Heights, NJ: Enslow (2010).

Schach, David. *Sea Dragons (Blastoff! Readers: Oceans Alive).* Minneapolis, MN: Bellwether Media (2007).

Aprende más en línea

Para aprender más sobre los dragones de mar foliáceos, visita **www.bearportpublishing.com/ZooClues**

Acerca de la autora

Jessica Rudolph vive en Connecticut. Ha escrito y editado muchos libros para niños sobre historia, ciencia y naturaleza.